27 semaines et toute une vie'

Priscillia Brandin

27 semaines
et toute une vie

Prologue

Le deuil périnatal est un sujet dont on parle peu,et pourtant, il bouleverse des vies. Ce livre est le récit d'une mère, mon récit. Celui d'un amour fulgurant, d'une grossesse lumineuse, puis d'un drame incommensurable. J'écris ces pages avec mon cœur, avec mes larmes, avec les souvenirs d'un fils parti trop tôt.

A travers ces mots, je veux donner une voix à tous ces bébés qui n'ont eu que quelques instants sur terre, mais qui ont marqué leur famille à jamais. Je veux partager la réalité du deuil, de la douleur insoutenable à l'espoir fragile, pour que celle et ceux qui traversent cette épreuve sachent qu'ils ne sont pas seuls.

C'est l'histoire d'Ezio. C'est mon histoire. C'est celle d'un amour infini qui dépasse le temps et la mort.

A toi, mon amour

Lory, mon amour, mon roc, mon âme sœur.
Depuis ce jour où nos chemin se sont
croisés, tu as été ma lumière, et plus encore
dans les ténèbres qui ont suivi. Quand
notre monde s'est effondré, quand la
douleur a tout balayé sur son passage, tu es
resté debout pour nous deux. Tu a porté
notre chagrin quand le mien me paralysait,
tu as trouvé la force quand je n'en avais
plus.

Aujourd'hui, malgré les cicatrices, nous
sommes toujours là, ensemble, plus forts
que jamais. Ce livre est aussi le tien, le
nôtre. Il est la preuve que l'amour peut
survivre à l'indicible. Merci d'avoir été
mon refuge, mon espoir, et de continuer
d'être mon avenir.

CHAPITRE 1
Le commencement d'une vie

Le 25 juillet 2012, ma vie a changé à jamais. Ce jour-là, j'ai rencontré l'homme qui allait devenir mon époux. Une rencontre qui n'avait rien d'ordinaire, qui dépassait tout ce j'avais pu imaginer de l'amour. Ce fut un coup de foudre, un véritable raz-de-marée émotionnel. Son regard, sa présence rassurante, sa façon d'être... tout chez lui m'a semblé évident, comme si mon cœur savait déjà qu'il était l'homme de ma vie. Nous nous sommes trouvés, comme deux âmes faites pour s'aimer, et depuis ce jour, nous n'avons plus jamais été séparés.

Notre amour s'est construit dans l'évidence et la passion, et quelques mois plus tard, le matin du 7 mai 2013, un autre bouleversement est venu illuminer notre histoire: j'étais enceinte! Ce jour-là n'était pas anodin, c'était l'anniversaire de Lory. Un cadeau inespéré, inattendu. J'étais déjà enceinte de quinze semaines, sans m'en être rendu compte.

Mon corps ne m'avais rien laissé deviner, et pourtant, en moi, une merveilleuse petite vie grandissait depuis plusieurs mois.

Cette grossesse fut un véritable enchantement. Aucun souci, aucune alerte, seulement du bonheur! A chaque échographie, je voyais ce petit être grandir, évoluer parfaitement. Son cœur battait fort et régulier, et je le sentait bouger, comme pour me rassurer qu'il était bien là, en pleine santé. Chaque instant était une promesse d'avenir, un rêve que nous construisions à deux. Rien ne laisser présager que tout allait basculer.

Mais le 09 août 2013, en allant au toilette, j'ai vu ces quelques gouttes de sang. Presque rien, a peine une trace. Pourtant, une angoisse sourde m'a saisie. Juste au cas où, pour nous rassurer, nous avons décidé de nous rendre aux urgences. Une simple précaution, pensions-nous! Je ne pouvais pas imaginer, à cet instant, que c'était le début de l'enfer.

CHAPITRE 2
L'espoir suspendu

A mon arrivée aux urgences, tout s'est enchaîne très vite. J'ai été prise en charge rapidement, et les premiers examens semblaient rassurants. Le monitoring montrait un rythme cardiaque stable, son cœur battait toujours aussi fort, aussi parfaitement qu'avant. Rien, à ce moment-là, ne laisser présager le pire.

Mais lors de l'examen clinique, un détail a tout changé: les saignements contenaient du liquide amniotique. Mon cœur s'est serré. Je voyait l'inquiétude dans le regard du médecin, dans les gestes précis mais précipités des soignants autour de moi. Ce n'était plus une simple vérification de routine. Quelques chose n'allait pas, et ils devaient en comprendre l'origine.

Une batterie d'examen a été lancé, tous plus angoissant les uns que les autres. Mais parmi eux, il y en a un dont je me souviendrais toute ma vie: l'amniocentèse! Une douleur physique, mais surtout une douleur psychologique, car je savais que cet examen n'était pas anodin. Il cherchaient une infection, une menace invisible qui pouvait bouleverser le cours de ma grossesse.

Malgré tout, il restait un espoir. Les médecins m'ont alors expliquer qu'il était possible de prolonger la grossesse si je restais alitée strictement. Ils voulais y croire, et moi aussi. Chaque jour gagné comptait. Chaque heure où il restait en moi était une victoire. Mais alors que je me raccrochais à cet espoir, ils sont venus me voir à nouveau. Leur regard, cette fois, était différent. Plus grave.

Et là, tout a basculé!

CHAPITRE 3
l'erreur irréparable

Il y a des instant où la la vie bascule, où tout ce que l'on croyait certain s'effondre en une fraction de seconde. Pour moi, cet instant a pris la forme d'un simple geste, une erreur humaine, une inattention fatale.

Dans le tourbillon médical, des urgences, des naissances, où chaque soignant courait d'une chambre à l'autre, une étudiante infirmière, débordée, submergée par la charge de travail, livrée a elle même, a fait une erreur. Une erreur qui n'aurait jamais dû arriver. Elle s'occupait de plusieurs patientes à la fois, jonglant entre les traitements et les dossiers, perdues dans un rythme effréné qui, ce soir-là, allait bouleverser notre destin.

Les services hospitaliers, et en particulier ceux liés à la maternité, sont des environnements particulièrement exigeants, souvent sous tension. Les étudiants en soins infirmiers y découvrent une réalité brutale, des couloirs bondés, des alarmes incessantes, des dossiers à traiter en urgence, des patientes a surveiller sans relâche. Ils sont formés pour soigner, pour anticiper, mais aussi pour encaisser. Encaisser la fatigue, la pression, la peur de l'erreur. Parfois livrés à eux-même dans des moment critiques, ils doivent composer avec l'attente d'une perfection impossible à atteindre. Et dans ce chaos quotidien, il suffit d'un instant d'inattention pour qu'un drame se produise. Et ce drame est tomber sur nous!

Sans un regard, sans une hésitation apparente, elle a saisi une perfusion de son chariot et me l'a administrée.

La poche en question contenait de l'ocytocine, un liquide incolore dans une poche transparente qui semblait inoffensif.

Rien a à première vue, ne laissait deviner qu'elle portait en elle une bombe a retardement. Une simple poche de perfusion, accrochée à son support, dont chaque goutte qui s'écoulait changeait le cours de mon histoire.

Je n'ai rien su tout de suite. Comment l'aurais-je pu? Mais cette perfusion n'était pas pour moi, elle ne m'était pas destinée! Elle était destinée a une autre femme, une patiente dans la chambre voisine, qui portait en elle des jumeaux et devait accoucher sous peu. Le "poison" qu'elle m'injectait avait une mission bien précise, déclencher les contractions.

Seulement, je n'étais censée accoucher. Pas encore!

Le temps qu'ils réalisent l'erreur, il était malheureusement trop tard. Une onde brûlante a traverser mon ventre, un spasme, une douleur inconnue, puis une autre, plus forte. Les contractions avaient commencé. D'abord espacées, puis brutales, implacables, me coupant le souffles. Et l'angoisse a explosé en moi. Je ne comprenais pas. Ce n'était pas prévu, ce n'était pas normal.

Quand l'équipe médicale a compris ce qui s'était passé, l'agitation a redoublé. Ils ont tout tenté pour arrêter le processus. Ils ont couru, injecté des médicaments pour stopper le travail, essayant de réparer l'irréparable. Mais mon corps n'écoutait plus, comme s'il obéissait à une force qu'on ne pouvait plus contenir.

La douleur physique était insupportable, chaque contractions m'arrachait à moi-même, chaque onde de souffrance me ramenait à une vérité effrayante. Mon fils allait naître, et il était bien trop tôt, ils ont décidé de poser une péridurale, mais ce n'était pas une délivrance. C'était l'acceptation d'un drame en cours...

Dans les heures qui ont suivi, le 12 août 2013, mon magnifique petit garçon est venu au monde.

J'aurais voulu arrêter le temps, j'aurais voulu qu'ils me disent qu'ils s'étaient trompés une seconde fois, mais cette fois dans le bon sens. Que tout ira bien. Que son cri allait déchirer la pièce, prouver qu'il était prêt a vivre. Mais son cri fut léger et un silence régné. Un silence assourdissant, plus cruel que n'importe qu'elle douleur.

Ce n'était pas seulement mon accouchement. C'était un adieu que je n'étais pas prête à faire.

Mon accouchement était le jour le plus tragique de ma vie, mais également le plus beau, car j'ai rencontré l'être le plus pur au monde, l'être qui allait changer ma vie à tout jamais et me faire grandir, qui n'était autre que mon fils Ezio.

CHAPITRE 4
L'attente silencieuse

Je ne savais pas combien de temps avait passé lorsque les infirmières ont emporté mon fils. L'espace d'un instant, je me suis retrouvée seule avec Lory. La chambre, devenue soudainement trop grande, était remplie d'une angoisse étouffante. Le bruit des machines, des alarmes, tout semblait résonner dans un écho sourd et lointain. Nous étions là, dans ce lieu censé célébrer la vie, et pourtant, l'heure était déjà venue de faire face à une réalité implacable, notre fils ne reviendrait pas!

Il m'avaient dit qu'ils allaient tenter de le sauver, qu'ils allaient tout faire. Mais je savais au fond de moi que c'était une lutte contre le destin. Leurs paroles résonnaient comme des mots vides, des promesses que

je n'avais plus la force de croire. En voyant
Lory, je sentais l'immense vide qu'il portait
en lui aussi. Son regard, perdu, cherchant
des réponses dans l'air, ne trouvant rien
d'autre que la même terreur que la mienne.
Cette terreur de perdre notre enfant avant
même qu'il n'ait eu le temps de comprendre
ce que signifiait la vie.

Le temps s'est étiré en une longue seconde
sans fin. Lory m'a tenu la mains, me
regardait dans un long silence. Il n'y avait
rien à dire. Nous étions suspendu dans
l'inconnu, accrochés l'un à l'autre, mais
dans une solitude partagée. Je n'avais
aucune idée de ce qui ce passait dans la
pièce voisine. J'ignorais si les médecins
étaient encore en train de ce battre pour lui
ou si, au contraire, il avait déjà glissé dans
cet autre monde loin de nous.

Les minutes se sont étendue comme des
heures. Chaque seconde était une goutte de
souffrance dans cet océan de douleur. J'ai
senti mon cœur se serrer à chaque moment
où la porte s'est ouverte, où un membre du

personnel est entré et sorti en silence. Et
quand enfin,ils sont revenus vers nous, le
silence était encore plus pesant.

Ils on posé devant nous la vérité, la vie
allait quitté notre fils. Ils l'avaient sauvé
des bras de la mort, peut-être, mais il était
trop fragile pour ce monde. Trop petit, trop
précaire. Nous ne voulions pas
d'acharnement médical, il n'y avait plus de
lutte a mener. Ils nous l'ont ramené, dans
ce minuscule lit de verre, il était tout petit,
presque irréel, comme une poupée de
chiffon que l'on pourrait casser d'un
souffle. Un petit être, dans une couverture
qui semblait bien trop grande pour lui. Il ne
ressemblait pas au nouveau-né que l'on
voit dans les magazine ou a la télévision.
C'était un bébé fragile comme un oiseau
tombé du nid.

Lory, m'a regardée, et je voyais dans ses yeux tout le désespoir qui nous animait. Il n'a pas dit un mot. Il ne le pouvait pas. Je l'ai vu se pencher sur notre fils, et le prendre dans ses bras, les mains tremblantes. Tout doucement, comme s'il risquait de le briser à chaque gestes.

Nous l'avons caressé, l'avons bercé, lui avons murmuré des mots d'amour qu'il ne comprenait pas, mais qu'il ressentait de toute son âme. Il était là, avec nous, dans ce moment suspendu où le monde extérieur semblait ne plus exister. Nous étions ensemble, Ezio, Lory et moi. Mais a chaque respiration, il s'éteignait un peu plus.

Le silence entre nous était lourd, comme une chape de plomb. Je voulais crier, pleurer, hurler contre ce destin injuste. Une douleur sourde mais constante m'envahissait, me brisant de l'intérieur. Comment faire face à une telle réalité? Comment dire adieu à son propre enfant, celui qu'on a porté dans son ventre, celui qu'on a rêvé et aimé avant même de le connaître?

Nous avons partagé ce moment d'intimité, Lory et moi, dans une souffrance partagée. Tout ce que j'avais rêvé pour lui, pour nous, s'effondrait à cet instant. Je le regardais, tout en sachant que ces quelques heures passées avec lui seraient tout ce que nous aurions. Le temps qui nous avait été accordé était cruel, trop court. Nous aurions voulu lui donner tout le temps du monde, mais il nous avait été volé.

Leurs mots étaient vides, ne faisant qu'aggraver la situation. Ils nous ont laissé seuls avec notre fils pour l'ultime adieu. Nous l'avons serré contre nous, sentant sa petite main contre la nôtre, ressentant chaque souffle comme un dernier murmure de la vie. Je voulais lui donner tout l'amour que j'avais en moi, mais il n'en avait pas besoin. Il avait trouvé son chemin, et c'était a nous de le laisser partir.

Lory m'a pris dans ses bras alors que je sentais mon cœur se briser en mille morceaux. Il pleurait lui aussi. Il était là, fort pour moi, mais je le savais qu'à l'intérieur, tout s'effondrait pour lui aussi. Nous nous sommes regardés, les yeux remplis de larmes, et nous avons compris que la souffrance n'allait pas s'arrêter là. L'amour que nous ressentions l'un pour l'autre était toujours aussi profond, mais une part de nous était morte avec notre fils.

Je me suis penchée une dernière fois sur mon magnifique petit bébé, et je lui ai dit au revoir. Je lui ai dit que je l'aimais plus que tout, que son absence me briserais a jamais. Mais, dans cet ultime souffle, il m'a laissé une leçon d'amour inconditionnel. Ce n'est pas la durée qui compte, mais l'intensité des moments partagés.

Mon bébé s'est éteint dans mes bras après seulement quarte heures de vie. Quatre heures qui ont suffi à me faire comprendre ce qu'était l'essence de l'amour pur, le véritable amour, l'amour inconditionnel et de la perte.

CHAPITRE 5
L'épreuve du dernier adieu

Le matin s'est levé sans que je le voie arriver. Le temps n'avait plus la même signification. Était-ce le jour ou la nuit? Peu importait. Tout ce que je savais, c'était que mon fils n'était plus dans mes bras. La chambre, autrefois témoin de nos rêves brisés, était maintenant un tombeau silencieux.

Une infirmière est entrée, la voix douce, le regard compatissant, mais son sourire forcé m'a donné envie de hurler. Elle n'avait pas de mots réconfortants, parce qu'il n'y en avait pas. Derrière elle, une psychologue s'est avancé. Je n'avais pas envie de parler. Pas envie d'entendre des phrases toutes faites, des tentatives d'explication sur l'inexplicable. Pourtant elle s'est assise à mes côtés, et avec une froideur infinie, elle a commencé à me parler.

> — Madame, nous allons devoir
> organiser certaines démarches...

Des démarches. C'est tout ce qu'il restait de mon fils maintenant. Des formalités administratives, des décisions à prendre alors que je n'étais même plus capable de penser. Elle a parlé de mise en chambre froide, un mot glacial, qui m'a transpercée. Mon bébé n'avait même pas encore quitté la maternité qu'on le reléguait déjà au statut de «défunt».

> — Il faut le préserver, lui prodiguer des
> soins...

Des soins pour un être sans vie. J'ai voulu lui dire que c'était absurde, que ce que je voulais, c'était le serrer encore, le garder auprès de moi, qu'il reste au chaud, blotti contre ma peau. Mais tout ce que j'ai fais, c'est hocher la tête, incapable de prononcer un mot.

Puis, la phrase est tombée. Celle que je redoutais sans même savoir que je la redoutais.

– Il va y avoir une autopsie!

J'ai senti mon cœur se serrer à m'en faire mal. Pourquoi? Pourquoi fallait-il faire cela maintenant ? On m'expliquait que c'était pour comprendre. Comprendre quoi? Mon fils était parti, que pouvaient-ils bien espérer apprendre en le découpant, en l'examinant comme un simple cas médical ?

Lory et moi nous sommes regardés, incapables de répondre. Il avait les trait tirés, le regard éteint.

– Je ne sais pas, ai-je murmuré.

— Prenez le temps d'y réfléchir, nous devons savoir rapidement, mais c'est votre choix.

Mon choix. Comme si j'avais encore un quelconque contrôle sur quoi que ce soit.

Ils nous ont aussi parlé du délais avant que nous puissions récupérer le corps. Ce n'est pas immédiat. Il fallait attendre. Attendre qu'ils fassent leurs analyses, attendre qu'ils remplissent leurs papiers, attendre que la bureaucratie décide du moment où je pourrais enfin récupérer mon enfant.

— Ça prendra plusieurs jours, voir plusieurs semaines, nous a-t-on annoncé avec précaution.

Une éternité! Je me suis accrochée à la main de Lory, la gorge nouée. Comment allais-je tenir tout ce temps, sachant que mon fils était ailleurs, seul dans une chambre froide, au lieu d'être avec nous?

Trois mois ce sont écouler, et en novembre le courrier nous annonçant que nous pouvions récupérer le corps de notre fils. Et puis la préparation des obsèques. Un autre coup de massue. Comment organise-t-on les funérailles d'un enfant qui n'a pas eu le temps de vivre?

On nous parle d'un petit cercueil blanc. Blanc, comme s'il symbolisait l'innocence de mon fils, sa pureté. L'ornement du cercueil, une croix? Un ange? On nous a expliquer que nous pouvions choisir une cérémonie intime, que nous pouvions organiser quelque chose à notre image. J'écoute sans vraiment entendre, chaque mot résonne comme une cloche funèbre.

—   Vous pouvez écrire une lettre, lui
     laisser un doudou, une couverture...

Je voulais tout lui donner. Lui offrir tout ce que je n'avais pas eu le temps de lui donner de son vivant. Mais qu'est-ce que cela changerait? Il n'aura jamais sa chambre

remplie de peluches, il n'apprendra jamais
a marcher, il n'ira jamais à l'école.

Le jour où nous avons enfin pu le
récupérer, le silence pesait, l'atmosphère
était lourde de tristesse. J'ai regardé ce petit
cercueil, si petit qu'il semblait irréel. J'ai
déposé un dernier baiser sur le bois froid,
les larmes brûlant mes joues. Son papa a
posé sa main sur mon dos, mais je sentais
qu'il se débattait lui aussi avec une douleur
qu'il n'arrivait pas a exprimer.

A l'église , la cérémonie était belle, les
fleurs, la musique, tout était tendre , mais
j'ai détesté une phrase que le prêtre a
prononcer , une phrase qui m'as mise hors
de moi, j'ai eu envie de hurler. «le seigneur
n'inflige jamais plus grande douleur qu'on
ne peut supporter»!

Lorsque nous sommes arrivés au cimetière,
le vent soufflait doucement, comme une
caresse. J'ai serré contre moi la lettre que
j'avais écrit a mon fils. Une lettre où je lui

disait tout ce que je n'avais pas pu lui dire. Que je l'aimais. Que je l'aimerais toujours. Que je ne l'oublierais jamais.

Les dernière paroles du prêtre se sont perdues dans un brouillard d'émotions. J'avais le sentiment d'avoir quitter mon corps, mon esprit était ailleurs. Et puis, lentement, la terre a recouvert ce minuscule cercueil blanc.

C'est fini.

Mon fils était parti pour de bon. Et moi, je restais là, avec une douleur si grande qu'elle ne pourra jamais s'effacer.

CHAPITRE 6
Après l'adieu, le vide

le jour de l'enterrement, j'ai cru que mon cœur allait cesser de battre. C'était une douleur physique, presque tangible, comme si on m'arrachait une partie de moi. J'avais porté mon fils, je l'avais senti grandir en moi, et maintenant, tout ce qu'il me restait, c'était une petite tombe, une tombe froide.

L'après... où plutôt le néant.

Quand tout le monde est parti, que les mots de réconfort se sont tus, il ne restait que le silence. Plus de visites, plus d'organisation à gérer, plus de démarches administratives. Juste moi, nous, avec notre chagrin, et cette absence qui me rongeait.

Je n'étais plus moi-même. Je ne savais plus

comment vivre. Me lever, manger, parler...
tout était devenu un effort insurmontable.

Un corps qui crie l'absence.

Mon corps aussi portait les stigmates de
cette perte. J'avais encore du lait, un ventre
qui semblait ne pas comprendre que son
bébé n'était plus là. Chaque douleur
physique me rappelait que j'avais donné
naissance, mais que mes bras, eux, étaient
vides.

Le simple fait de croiser une femme
enceinte ou un landau dans la rue me
déchirait. Pourquoi elles et pas moi?
Pourquoi Ezio n'était-il pas là?

La tombe, seul refuge

Sa tombe est vite devenu l'unique endroit
où je me sentait proche de lui. J'y allais
presque chaque jour, parfois plusieurs fois

par jour. Je restais là, incapable de partir,
comme si en m'éloignant, je l'abandonnais
une seconde fois.

Je parlais à cette petite tombe comme s'il
pouvait m'entendre. Je lui racontais ma
douleur, mon amour, mon vide.

Autour de moi, la vie continuait, et c'était
insupportable. Comment les autres
pouvaient-ils rire, travailler, faire leurs
courses comme si de rien n'était? Mon
monde s'était effondré, et pourtant, le leur
restait intact.

Les gens essayaient de m'aider, mais leurs
mots faisaient plus de mal que de bien :
    « Il faut avancer. »
    « Tu es forte, tu vas t'en remettre. »
    « Un jour, tu verras, la douleur passera. »
    « Tu es jeune, tu pourra refaire un enfant!
»
Mais je ne voulais pas que la douleur
passe. Je ne voulais pas qu'un jour, son

absence devienne supportable.

Le jour, j'étais anesthésiée par ma tristesse. La nuit, c'était une autre histoire. Chaque soir, je revivais tout. La grossesse, les premiers mouvements d'Ezio, le drame, l'accouchement, les quelques heures où il a vécu, son dernier souffle.

Je fermais les yeux et je le voyais. Mais au réveil, il n'était plus là. Chaque matin était une nouvelle claque. Lory souffrait lui aussi, mais différemment. Il voulait être fort pour nous deux, et moi, j'étais incapable de voir sa douleur a ce moment là. Parfois, on s'éloignait, chacun enfermé dans son chagrin.

D'autre fois, on se retrouvait dans nos larmes. C'était étrange, cette dualité entre l'amour et la souffrance. Petit à petit, la tristesse s'est transformée en peur. Peur d'oublier Ezio, peur qu'avec le temps, son souvenir s'efface. J'ai commencé à faire des crises d'angoisse, à ne plus vouloir sortir, à éviter les autres. Même allumer la télévision était insupportable, une simple publicité pour des couches me mettait en miettes.

Je ne voulais plus voir personne. Je n'avais pas l'énergie de faire semblant. Chaque conversation était une épreuve. On parlait de tout, sauf de lui. Comme si mon bébé, mon Ezio n'avait jamais existé.

Les semaines ont passé, mais le temps ne guérissait rien. Il ne faisait qu'alourdir mon chagrin. Je ne savais plus qui j'étais. J'étais une maman, mais sans enfant. J'étais en vie mais morte a l'intérieur.

Et à ce moment-là, je ne voyais pas comment je pourrais un jour survivre à tout ça.

CHAPITRE 7
Les première ombres du deuil

Le silence était devenu mon compagnon le plus fidèle. Un silence lourd, pesant, assourdissant. Après les obsèques, la vie aurait dû reprendre son cours. Mais qu'elle vie? La mienne s'était brisée avec son dernier souffle.

Les premiers jours ont été un brouillard total. Je me réveillais sans même savoir comment j'avais pu m'endormir. Il n'était plus là. Il n'avait jamais pleuré dans son berceau, jamais réclamé mes bras, un vide qui s'étirait sans fin.

La première phase du deuil, c'est le moment où l'on refuse d'y croire. Le cerveau se protège en rejetant la réalité. Je me surprenais à imaginer que tout cela n'était qu'un cauchemar. Que j'allais me réveiller et sentir les petits coups de mon fils dans mon ventre.

Parfois, j'avais l'impression d'entendre son cœur battre encore, je me réveillais la nuit, sortie de mon sommeil par les pleurs de bébé. Comme si, par un miracle absurde, il était toujours là. Mais, mes bras étaient bel et bien vides.

Puis est venue la colère. Une rage sourde dirigée contre tout et tout le monde. Contre cette étudiante qui avait commis l'irréparable. Contre ces médecins qui n'avaient pas su empêcher l'irréparable. Contre la vie, qui m'avait donné cet enfant pour me l'arracher aussitôt.
Mais surtout contre moi-même.

Je m'en voulais de ne pas avoir su protéger mon bébé. De ne pas avoir senti plus tôt que quelque chose n'allait pas. Je me répétais en boucle, et si j'avais fais autrement? Et si j'avais insisté? Comme si j'aurais pu changer le destin.

Le marchandage, et si...?

cette phrase est vicieuse. Elle s'insinue dans l'esprit, nourrie par la culpabilité. Je refaisais l'histoire mille fois, cherchant une faille, un détail qui aurait pu tout changer.

Et si j'avais consulté un autre médecin? Et si je n'étais pas allée aux urgences ce soir-là?

Et si cette étudiante n'avait pas été là?

Ce et si devenait une obsession. Un poison lent qui me maintenait dans un monde parallèle où mon fils aurait survécu.

L'isolement, l'impossibilité d'être comprise.

Parler était devenu impossible. Comment expliquer l'inexplicable? Comment mettre des mots sur une douleur que personne ne pouvait imaginer?

Les gens essayaient. Il disaient des phrases toutes faites, croyant bien faire.
  « Il vaut mieux qu'il soit parti tout de suite plutôt que de souffrir. »
  « Heureusement tu ne là pas vu grandir, ça aurait plus difficile. »
  « La vie continue. »

Je voulais hurler. NON, je ne voulais pas d'un autre bébé pour remplacer Ezio. Non, il n'y avait aucun réconfort dans le fait qu'il soit parti trop vite. Non, la vie ne continuait pas.
Alors j'ai arrêter de parler. Je me suis renfermée et j'ai fais le vide autour de moi, parce que personne ne pouvait comprendre.

La tristesse a pris toute la place. Elle était là, dans chaque seconde, dans chaque respiration. Elle pesait sur mes épaules, me clouait au lit. Il y avait des jours où je ne trouvais plus la force de me lever. Où chaque mouvement était une torture. Je regardais son petit bonnet, sa couverture, les quelques souvenirs qu'il me restait de lui, et les larmes coulaient sans s'arrêter.

Quand la douleur est trop forte, quand elle devient insupportable, l'idée de disparaître s'impose. L'envie d'en finir, de rejoindre mon fils, de ne plus ressentir ce vide, cette douleur.
Je me suis retrouvée au bord du gouffre, prêt à basculer. Parce qu'après tout, qu'elle était l'utilité de continuer? Mon fils était mort. Et avec lui, une partie de moi s'était éteinte.

Et ce soir-là, la douleur était trop forte, trop violente. Elle n'était plus une simple présence, elle m'étranglait, m'enveloppait, m'aspirait dans un gouffre dont je ne voyais plus le fond. Je suffoquais sous le poids de l'absence, du manque. Mon fils était parti, et avec lui, toute raison d'exister.

Alors j'ai cédé.

Dans le silence de mon appartement ce soir là, seule, j'ai avalé les médicaments, un par un,

mécaniquement. Chaque comprimé était un cri muet, un appel au néant. Mais la douleur ne s'arrêtait pas. Mes mains tremblaient quand j'ai pris la lame. J'ai senti ma peau céder sous la pression. Le sang a coulé, chaud, épais, libérateur. Enfin, je n'allais plus ressentir.

Le noir m'as engloutie.

Quand j'ai ouvert les yeux, la lumière blanche des soins intensifs m'a brûlé les rétines. Un bip régulier, des machines autour de moi, une aiguille plantée dans mon bras. Et lui. Lory. Son regard, creusé par les larmes et l'angoisse, sa main serrée sur la mienne, comme s'il avait peur que je glisse a nouveau. J'étais là. Encore là.

Mais Ezio, lui n'était toujours pas là.

Son amour, sa douleur aussi. Il souffrait
autant que moi, et je ne pouvais pas lui
infliger une nouvelle perte.
C'était le début d'un long chemin, un
combat contre cette tristesse dévorante.
Mais à ce moment-là, je ne savais pas
encore si j'allais m'en sortir.

CHAPITRE 8
Les point de non-retour

Je ne serais pas dire si c'était un cri de détresse ou une volonté réelle d'en finir, mais ce jour-là, tout était trop. Trop de douleur, trop de silence, trop d'absence. J'ai cédé à cette pensée qui murmurait que la seule façon d'apaiser ma souffrance était de la faire taire définitivement.

Je me souviens du froid, de l'odeur des draps, du poids de mes larmes sur mon visage. Et puis plus rien. Quand j'ai repris connaissance, la première chose que j'ai vue, c'était le visage de Lory. Son regard terrifié, brisé. Il me tenait la main avec tendresse, comme s'il avait peur, peur que je disparaisse à nouveau. Et moi, j'étais là, désespérée, honteuse, malheureuse, incapable de prononcer un mot.

Je voulais disparaître, mais au lieu de ça,
j'étais toujours là. Et j'avais blessé la
personne qui m'aimait le plus au monde.

Après une tentative de suicide, on ne se
réveille pas seulement dans un lit d'hôpital.
On se réveille dans une réalité encore plus
brutale, celle de voir la douleur qu'on a
infligée aux autres, celle de réaliser qu'on a
failli abandonner, mais qu'on est encore là.

Je me suis sentie coupable, coupable
d'avoir voulu partir, coupable d'avoir
infligé ça à mon mari, à ma famille.
Coupable d'avoir pensé qu'il n'y avait plus
d'espoir. Mais au fond de moi, une petite
voix me disait que si j'étais encore là,
c'était peut-être qu'il y avait une raison.

C'est a ce moment-la, que j'ai accepté pour
la première fois, de me faire aider
réellement. Pas seulement allant a une
séance de thérapie en traînant des pieds,
mais en m'ouvrant, en acceptant que je ne

pouvais pas m'en sortir seule.

Le psychiatre m'a parlé de dépression sévère, de stress post-traumatique. Il m'a expliquer que ce que je ressentais était normal, que ce n'était pas une faiblesse mais une conséquence du traumatisme que j'avais vécu.

Petit à petit, avec la thérapie et le soutien de Lory, j'ai commencé à comprendre que ma douleur n'allait pas disparaître, mais qu'elle n'avait pas à m'engloutir totalement.

Sortir de cette obscurité ne s'est pas fait du jour au lendemain. Il y a eu des rechutes, des jours où je ne voulais voir personne, des nuits où je pleurais encore jusqu'à ne plus pouvoir respirer.

Mais il y avait aussi de minuscules victoires, une journée où je réussissais a sortir, un moment où je riais sans culpabiliser, une conversation où je me sentais enfin comprise. La dépression m'avait brisée, mais elle ne devait pas me définir. Ezio n'aurait pas voulu que je parte. Il aurait voulu que je vive, pour lui, pour moi, pour nous.

Et petit à petit, j'ai commencé à essayer.

CHAPITRE 9
Partir pour renaître

Tourner la page.
On dit souvent que pour aller mieux, il faut du temps. Mais parfois, le temps seul ne suffit pas. Parfois, il faut un changement radical, une rupture avec le passé pour espérer se reconstruire. Pour nous cette reconstruction passait par un choix difficile, mais nécessaire, PARTIR.

Notre appartement était devenu une prison, ma prison. Chaque pièce résonnait des souvenirs de ce que nous avons vécu. La chambre de notre fils, restée vide, était un rappel constant de son absence. Chaque jour, nous vivions dans ce lieu chargé de douleur, où chaque recoin portait l'empreinte de notre chagrin.

Lourdeur des murs, poids des souvenir. Rester signifiait revivre inlassablement les mêmes images, la nuit du drame, les jours d'après, les larmes, le vide. Rester signifiait s'accrocher à un passé qui nous empêchait d'avancer.

Il nous fallait un nouveau départ, un endroit où la souffrance ne serait pas ancrée dans les murs, où nous pourrions respirer sans être écrasés pas les souvenir. Le grand saut, quitter la Belgique.

Ce n'était pas une décision facile. Tout quitter, tout recommencer ailleurs demande du courage. Mais après tant de mois passés à survivre plutôt qu'à vivre, nous savions que c'était la seule option pour espérer retrouver un semblant de paix .

Nous avons donc pris la route, laissant derrière nous non seulement un appartement, mais un chapitre entier de notre vie. Direction la France, un petit village où tout restait à construire, où nous pourrions créer de nouveaux souvenirs, loin du passé.

Réapprendre à vivre. Les premiers jours ont été étranges, presque irréels. Tout était nouveau, les rues, la maison, les visages autour de nous. Nous n'étions plus dans cet environnement chargé de douleur, mais nous étions encore fragiles, marqués par le deuil.

Petit à petit, nous avons apprivoisé notre nouveau quotidien. Il n'y avait plus ces murs témoin de nos larmes, plus cette chambre vide qui nous rappelait ce que nous avions perdu.

Il y avait seulement un nouveau lieu, neutre, prêt a accueillir une nouvelle version de nous même. De nouveaux souvenirs pour un nouvel avenir.

Ce déménagement ne signifiait pas oublier Ezio. Il ne s'agissait pas d'effacer notre passé, mais de nous donner une chance d'écrire une suite différente. Nous avons commencé à sortir d'avantage, à redécouvrir des plaisirs simples, marcher dans la nature, rire sans culpabilité, projeter des choses pour l'avenir.

C'était encore fragile, parfois douloureux, mais nous savions que nous étions sur la bonne voie. Nous avions pris la décision de vivre. Pas seulement d'exister, mais de vivre réellement. Et pour la première fois depuis longtemps, un souffle d'espoir commençait à renaître.

Douze ans plus tard...

Les années ont passé. Aujourd'hui, cela fait douze ans. Douze ans depuis ce jour où ma vie a basculé, ou j'ai tenu mon fils dans mes bras pour la première et dernière fois. Douze ans, et pourtant, il me maque toujours autant.

Chaque jour, une pensée pour lui traverse mon esprit. Chaque jour, je ressens ce vide que rien ni personne ne pourra jamais combler.
Ezio fait partie de moi, de mon histoire, de mon cœur.

Et jamais je ne cesserais de l'aimer.

"27 semaines et toute la vie" est le témoignage poignant d'une mère qui a porté son fils avec amour et l'a perdu trop tôt. A travers ce récit bouleversant, elle raconte la rencontre avec l'amour de sa vie, la joie d'une grossesse tant espérée, puis l'impensable, la perte brutale de son enfant.

Entre douleur indicible, errance médicale et reconstruction, ce livre met des mots sur un deuil tabou et pourtant si réel. Il s'adresse à toutes les personnes touchées par le deuil périnatal, aux familles, aux soignants, et celles et ceux qui veulent comprendre cette épreuve qui bouleverse une vie à jamais.

Parce que l'amour d'une mère ne disparaît jamais, même quand son enfant ne peut grandir.